Lehrerin.

PROTOKOLL DER SCHÜLER- UND ELTERNDETAILS

VORNAME ______________________________

SCHULE ______________________________

JAHR ______________________________

KONTAKT INFORMATIONEN

Name des Schülers

Geburtsdatum

Mutter

Kontakt Telefonnummer

Kontakt E-mail

Vater

Kontakt Telefonnummer

Kontakt E-mail

Notfallkontakt Nr. 1 - Name und Beziehung

Kontakt-Telefon

Notfallkontakt Nr. 2 - Name und Beziehung

Kontakt-Telefon

Medizinisch

Weitere Details und Informationen

KONTAKT INFORMATIONEN

Name des Schülers

Geburtsdatum

Mutter

Kontakt Telefonnummer

Kontakt E-mail

Vater

Kontakt Telefonnummer

Kontakt E-mail

Notfallkontakt Nr. 1 - Name und Beziehung

Kontakt-Telefon

Notfallkontakt Nr. 2 - Name und Beziehung

Kontakt-Telefon

Medizinisch

Weitere Details und Informationen

KONTAKT INFORMATIONEN

Name des Schülers

Geburtsdatum

Mutter

Kontakt Telefonnummer

Kontakt E-mail

Vater

Kontakt Telefonnummer

Kontakt E-mail

Notfallkontakt Nr. 1 - Name und Beziehung

Kontakt-Telefon

Notfallkontakt Nr. 2 - Name und Beziehung

Kontakt-Telefon

Medizinisch

Weitere Details und Informationen

KONTAKT INFORMATIONEN

Name des Schülers

Geburtsdatum

Mutter

Kontakt Telefonnummer

Kontakt E-mail

Vater

Kontakt Telefonnummer

Kontakt E-mail

Notfallkontakt Nr. 1 - Name und Beziehung

Kontakt-Telefon

Notfallkontakt Nr. 2 - Name und Beziehung

Kontakt-Telefon

Medizinisch

Weitere Details und Informationen

KONTAKT INFORMATIONEN

Name des Schülers

Geburtsdatum

Mutter

Kontakt Telefonnummer

Kontakt E-mail

Vater

Kontakt Telefonnummer

Kontakt E-mail

Notfallkontakt Nr. 1 - Name und Beziehung

Kontakt-Telefon

Notfallkontakt Nr. 2 - Name und Beziehung

Kontakt-Telefon

Medizinisch

Weitere Details und Informationen

KONTAKT INFORMATIONEN

Name des Schülers

Geburtsdatum

Mutter

Kontakt Telefonnummer

Kontakt E-mail

Vater

Kontakt Telefonnummer

Kontakt E-mail

Notfallkontakt Nr. 1 - Name und Beziehung

Kontakt-Telefon

Notfallkontakt Nr. 2 - Name und Beziehung

Kontakt-Telefon

Medizinisch

Weitere Details und Informationen

KONTAKT INFORMATIONEN

Name des Schülers

Geburtsdatum

Mutter

Kontakt Telefonnummer

Kontakt E-mail

Vater

Kontakt Telefonnummer

Kontakt E-mail

Notfallkontakt Nr. 1 - Name und Beziehung

Kontakt-Telefon

Notfallkontakt Nr. 2 - Name und Beziehung

Kontakt-Telefon

Medizinisch

Weitere Details und Informationen

KONTAKT INFORMATIONEN

Name des Schülers

Geburtsdatum

Mutter

Kontakt Telefonnummer

Kontakt E-mail

Vater

Kontakt Telefonnummer

Kontakt E-mail

Notfallkontakt Nr. 1 - Name und Beziehung

Kontakt-Telefon

Notfallkontakt Nr. 2 - Name und Beziehung

Kontakt-Telefon

Medizinisch

Weitere Details und Informationen

KONTAKT INFORMATIONEN

Name des Schülers

Geburtsdatum

Mutter

Kontakt Telefonnummer

Kontakt E-mail

Vater

Kontakt Telefonnummer

Kontakt E-mail

Notfallkontakt Nr. 1 - Name und Beziehung

Kontakt-Telefon

Notfallkontakt Nr. 2 - Name und Beziehung

Kontakt-Telefon

Medizinisch

Weitere Details und Informationen

KONTAKT INFORMATIONEN

Name des Schülers

Geburtsdatum

Mutter

Kontakt Telefonnummer

Kontakt E-mail

Vater

Kontakt Telefonnummer

Kontakt E-mail

Notfallkontakt Nr. 1 - Name und Beziehung

Kontakt-Telefon

Notfallkontakt Nr. 2 - Name und Beziehung

Kontakt-Telefon

Medizinisch

Weitere Details und Informationen

KONTAKT INFORMATIONEN

Name des Schülers

Geburtsdatum

Mutter

Kontakt Telefonnummer

Kontakt E-mail

Vater

Kontakt Telefonnummer

Kontakt E-mail

Notfallkontakt Nr. 1 - Name und Beziehung

Kontakt-Telefon

Notfallkontakt Nr. 2 - Name und Beziehung

Kontakt-Telefon

Medizinisch

Weitere Details und Informationen

KONTAKT INFORMATIONEN

Name des Schülers

Geburtsdatum

Mutter

Kontakt Telefonnummer

Kontakt E-mail

Vater

Kontakt Telefonnummer

Kontakt E-mail

Notfallkontakt Nr. 1 - Name und Beziehung

Kontakt-Telefon

Notfallkontakt Nr. 2 - Name und Beziehung

Kontakt-Telefon

Medizinisch

Weitere Details und Informationen

KONTAKT INFORMATIONEN

Name des Schülers

Geburtsdatum

Mutter

Kontakt Telefonnummer

Kontakt E-mail

Vater

Kontakt Telefonnummer

Kontakt E-mail

Notfallkontakt Nr. 1 - Name und Beziehung

Kontakt-Telefon

Notfallkontakt Nr. 2 - Name und Beziehung

Kontakt-Telefon

Medizinisch

Weitere Details und Informationen

KONTAKT INFORMATIONEN

Name des Schülers

Geburtsdatum

Mutter

Kontakt Telefonnummer

Kontakt E-mail

Vater

Kontakt Telefonnummer

Kontakt E-mail

Notfallkontakt Nr. 1 - Name und Beziehung

Kontakt-Telefon

Notfallkontakt Nr. 2 - Name und Beziehung

Kontakt-Telefon

Medizinisch

Weitere Details und Informationen

KONTAKT INFORMATIONEN

Name des Schülers

Geburtsdatum

Mutter

Kontakt Telefonnummer

Kontakt E-mail

Vater

Kontakt Telefonnummer

Kontakt E-mail

Notfallkontakt Nr. 1 - Name und Beziehung

Kontakt-Telefon

Notfallkontakt Nr. 2 - Name und Beziehung

Kontakt-Telefon

Medizinisch

Weitere Details und Informationen

KONTAKT INFORMATIONEN

Name des Schülers

Geburtsdatum

Mutter

Kontakt Telefonnummer

Kontakt E-mail

Vater

Kontakt Telefonnummer

Kontakt E-mail

Notfallkontakt Nr. 1 - Name und Beziehung

Kontakt-Telefon

Notfallkontakt Nr. 2 - Name und Beziehung

Kontakt-Telefon

Medizinisch

Weitere Details und Informationen

KONTAKT INFORMATIONEN

Name des Schülers

Geburtsdatum

Mutter

Kontakt Telefonnummer

Kontakt E-mail

Vater

Kontakt Telefonnummer

Kontakt E-mail

Notfallkontakt Nr. 1 - Name und Beziehung

Kontakt-Telefon

Notfallkontakt Nr. 2 - Name und Beziehung

Kontakt-Telefon

Medizinisch

Weitere Details und Informationen

KONTAKT INFORMATIONEN

Name des Schülers

Geburtsdatum

Mutter

Kontakt Telefonnummer

Kontakt E-mail

Vater

Kontakt Telefonnummer

Kontakt E-mail

Notfallkontakt Nr. 1 - Name und Beziehung

Kontakt-Telefon

Notfallkontakt Nr. 2 - Name und Beziehung

Kontakt-Telefon

Medizinisch

Weitere Details und Informationen

KONTAKT INFORMATIONEN

Name des Schülers

Geburtsdatum

Mutter

Kontakt Telefonnummer

Kontakt E-mail

Vater

Kontakt Telefonnummer

Kontakt E-mail

Notfallkontakt Nr. 1 - Name und Beziehung

Kontakt-Telefon

Notfallkontakt Nr. 2 - Name und Beziehung

Kontakt-Telefon

Medizinisch

Weitere Details und Informationen

KONTAKT INFORMATIONEN

Name des Schülers

Geburtsdatum

Mutter

Kontakt Telefonnummer

Kontakt E-mail

Vater

Kontakt Telefonnummer

Kontakt E-mail

Notfallkontakt Nr. 1 - Name und Beziehung

Kontakt-Telefon

Notfallkontakt Nr. 2 - Name und Beziehung

Kontakt-Telefon

Medizinisch

Weitere Details und Informationen

KONTAKT INFORMATIONEN

Name des Schülers

Geburtsdatum

Mutter

Kontakt Telefonnummer

Kontakt E-mail

Vater

Kontakt Telefonnummer

Kontakt E-mail

Notfallkontakt Nr. 1 - Name und Beziehung

Kontakt-Telefon

Notfallkontakt Nr. 2 - Name und Beziehung

Kontakt-Telefon

Medizinisch

Weitere Details und Informationen

KONTAKT INFORMATIONEN

Name des Schülers

Geburtsdatum

Mutter

Kontakt Telefonnummer

Kontakt E-mail

Vater

Kontakt Telefonnummer

Kontakt E-mail

Notfallkontakt Nr. 1 - Name und Beziehung

Kontakt-Telefon

Notfallkontakt Nr. 2 - Name und Beziehung

Kontakt-Telefon

Medizinisch

Weitere Details und Informationen

KONTAKT INFORMATIONEN

Name des Schülers

Geburtsdatum

Mutter

Kontakt Telefonnummer

Kontakt E-mail

Vater

Kontakt Telefonnummer

Kontakt E-mail

Notfallkontakt Nr. 1 - Name und Beziehung

Kontakt-Telefon

Notfallkontakt Nr. 2 - Name und Beziehung

Kontakt-Telefon

Medizinisch

Weitere Details und Informationen

KONTAKT INFORMATIONEN

Name des Schülers

Geburtsdatum

Mutter

Kontakt Telefonnummer

Kontakt E-mail

Vater

Kontakt Telefonnummer

Kontakt E-mail

Notfallkontakt Nr. 1 - Name und Beziehung | Kontakt-Telefon

Notfallkontakt Nr. 2 - Name und Beziehung | Kontakt-Telefon

Medizinisch

Weitere Details und Informationen

KONTAKT INFORMATIONEN

Name des Schülers

Geburtsdatum

Mutter

Kontakt Telefonnummer

Kontakt E-mail

Vater

Kontakt Telefonnummer

Kontakt E-mail

Notfallkontakt Nr. 1 - Name und Beziehung

Kontakt-Telefon

Notfallkontakt Nr. 2 - Name und Beziehung

Kontakt-Telefon

Medizinisch

Weitere Details und Informationen

KONTAKT INFORMATIONEN

Name des Schülers

Geburtsdatum

Mutter

Kontakt Telefonnummer

Kontakt E-mail

Vater

Kontakt Telefonnummer

Kontakt E-mail

Notfallkontakt Nr. 1 - Name und Beziehung

Kontakt-Telefon

Notfallkontakt Nr. 2 - Name und Beziehung

Kontakt-Telefon

Medizinisch

Weitere Details und Informationen

KONTAKT INFORMATIONEN

Name des Schülers

Geburtsdatum

Mutter

Kontakt Telefonnummer

Kontakt E-mail

Vater

Kontakt Telefonnummer

Kontakt E-mail

Notfallkontakt Nr. 1 - Name und Beziehung

Kontakt-Telefon

Notfallkontakt Nr. 2 - Name und Beziehung

Kontakt-Telefon

Medizinisch

Weitere Details und Informationen

KONTAKT INFORMATIONEN

Name des Schülers

Geburtsdatum

Mutter

Kontakt Telefonnummer

Kontakt E-mail

Vater

Kontakt Telefonnummer

Kontakt E-mail

Notfallkontakt Nr. 1 - Name und Beziehung

Kontakt-Telefon

Notfallkontakt Nr. 2 - Name und Beziehung

Kontakt-Telefon

Medizinisch

Weitere Details und Informationen

KONTAKT INFORMATIONEN

Name des Schülers

Geburtsdatum

Mutter

Kontakt Telefonnummer

Kontakt E-mail

Vater

Kontakt Telefonnummer

Kontakt E-mail

Notfallkontakt Nr. 1 - Name und Beziehung

Kontakt-Telefon

Notfallkontakt Nr. 2 - Name und Beziehung

Kontakt-Telefon

Medizinisch

Weitere Details und Informationen

KONTAKT INFORMATIONEN

Name des Schülers

Geburtsdatum

Mutter

Kontakt Telefonnummer

Kontakt E-mail

Vater

Kontakt Telefonnummer

Kontakt E-mail

Notfallkontakt Nr. 1 - Name und Beziehung

Kontakt-Telefon

Notfallkontakt Nr. 2 - Name und Beziehung

Kontakt-Telefon

Medizinisch

Weitere Details und Informationen

KONTAKT INFORMATIONEN

Name des Schülers

Geburtsdatum

Mutter

Kontakt Telefonnummer

Kontakt E-mail

Vater

Kontakt Telefonnummer

Kontakt E-mail

Notfallkontakt Nr. 1 - Name und Beziehung	Kontakt-Telefon

Notfallkontakt Nr. 2 - Name und Beziehung	Kontakt-Telefon

Medizinisch

Weitere Details und Informationen

KONTAKT INFORMATIONEN

Name des Schülers

Geburtsdatum

Mutter

Kontakt Telefonnummer

Kontakt E-mail

Vater

Kontakt Telefonnummer

Kontakt E-mail

Notfallkontakt Nr. 1 - Name und Beziehung

Kontakt-Telefon

Notfallkontakt Nr. 2 - Name und Beziehung

Kontakt-Telefon

Medizinisch

Weitere Details und Informationen

KONTAKT INFORMATIONEN

Name des Schülers

Geburtsdatum

Mutter

Kontakt Telefonnummer

Kontakt E-mail

Vater

Kontakt Telefonnummer

Kontakt E-mail

Notfallkontakt Nr. 1 - Name und Beziehung

Kontakt-Telefon

Notfallkontakt Nr. 2 - Name und Beziehung

Kontakt-Telefon

Medizinisch

Weitere Details und Informationen

KONTAKT INFORMATIONEN

Name des Schülers

Geburtsdatum

Mutter

Kontakt Telefonnummer

Kontakt E-mail

Vater

Kontakt Telefonnummer

Kontakt E-mail

Notfallkontakt Nr. 1 - Name und Beziehung

Kontakt-Telefon

Notfallkontakt Nr. 2 - Name und Beziehung

Kontakt-Telefon

Medizinisch

Weitere Details und Informationen

KONTAKT INFORMATIONEN

Name des Schülers

Geburtsdatum

Mutter

Kontakt Telefonnummer

Kontakt E-mail

Vater

Kontakt Telefonnummer

Kontakt E-mail

Notfallkontakt Nr. 1 - Name und Beziehung

Kontakt-Telefon

Notfallkontakt Nr. 2 - Name und Beziehung

Kontakt-Telefon

Medizinisch

Weitere Details und Informationen

KONTAKT INFORMATIONEN

Name des Schülers

Geburtsdatum

Mutter

Kontakt Telefonnummer

Kontakt E-mail

Vater

Kontakt Telefonnummer

Kontakt E-mail

Notfallkontakt Nr. 1 - Name und Beziehung

Kontakt-Telefon

Notfallkontakt Nr. 2 - Name und Beziehung

Kontakt-Telefon

Medizinisch

Weitere Details und Informationen

KONTAKT INFORMATIONEN

Name des Schülers

Geburtsdatum

Mutter

Kontakt Telefonnummer

Kontakt E-mail

Vater

Kontakt Telefonnummer

Kontakt E-mail

Notfallkontakt Nr. 1 - Name und Beziehung

Kontakt-Telefon

Notfallkontakt Nr. 2 - Name und Beziehung

Kontakt-Telefon

Medizinisch

Weitere Details und Informationen

KONTAKT INFORMATIONEN

Name des Schülers

Geburtsdatum

Mutter

Kontakt Telefonnummer

Kontakt E-mail

Vater

Kontakt Telefonnummer

Kontakt E-mail

Notfallkontakt Nr. 1 - Name und Beziehung

Kontakt-Telefon

Notfallkontakt Nr. 2 - Name und Beziehung

Kontakt-Telefon

Medizinisch

Weitere Details und Informationen

KONTAKT INFORMATIONEN

Name des Schülers

Geburtsdatum

Mutter

Kontakt Telefonnummer

Kontakt E-mail

Vater

Kontakt Telefonnummer

Kontakt E-mail

Notfallkontakt Nr. 1 - Name und Beziehung

Kontakt-Telefon

Notfallkontakt Nr. 2 - Name und Beziehung

Kontakt-Telefon

Medizinisch

Weitere Details und Informationen

www.ingramcontent.com/pod-product-compliance
Lightning Source LLC
LaVergne TN
LVHW081524060526
838200LV00044B/1997
* 9 7 8 1 9 2 2 4 8 5 1 2 0 *